實用藥癮團體治療八堂課

治療八堂課

理論實務

秦文鎮 醫師——著

U0070804

推薦序一

　　據我對「動機式晤談法」的瞭解，是以人本爲核心，強調個案的自主性，及治療者的協同性，以喚起個案的初心及行爲改變動機。

　　秦文鎮醫師從事藥癮團體至多年，在藥物使用防治的政策及行動方案貢獻頗多。相信此書對藥物使用治療的理論與實務，必有貢獻。

龍佛衛

迦樂醫院院長
國防醫學院精神醫學研究所合聘教授
中山大學教育研究所合聘教授
中山大學教育與人類發展研究所合聘教授

推薦序二

　　藥物濫用及成癮問題一直都是全世界每個國家政府治理的重要挑戰，不論是先進的已開發國家或開發中國家，無不被各種各類的所謂「毒品」氾濫所困擾；而僅以犯罪防治的方式來處理，已被認為是無效的手段。近二十年來，由於腦科學的快速進展，越來越多的證據顯示「成癮行為」涉及腦部酬償系統的改變，不能只用個人意志或自我決定來解釋；也就是說「成癮」可能可以被看做是一種腦功能被毒品綁架的現象。吸毒者從此不再被認為只是「犯人」，也應該自「病人」的角度予以治療與協助。

　　自民國106年起，政府開啟了「新世代反毒策略」，投入大量預算，從拒毒、防毒、戒毒及緝毒，四大面向來全面防止各類物質的濫用；其中又以強調「戒毒」策略為核心，在全國推動各種成癮治療。惟毒癮戒治長久以來並未納入相關精神心理衛生專業人員的基礎

教育訓練，相關治療人才也十分缺乏；雖然透過「緩起訴附命戒癮治療」強制許多個案到醫療系統中接受治療，也以公務預算及「毒品防制基金」提供了治療經費，在治療的專業訓練及人才培育上仍有極大的需求。

安泰醫院的秦文鎮主任投身於藥癮治療多年，並與屏東縣政府衛生局合作，領導進行「藥癮治療金三角模式」成效斐然，特別是他在社區中帶領的藥癮團體治療，整合最先進的「動機式晤談法」及各類跨理論的治療方法，幫助了無數的成癮個案擺脫毒品的控制。為了能有效的培力藥癮治療專業人才，秦主任將他在實務操作過程中的經驗，整合設計了八堂藥癮團體治療的課程，彙整成書，以方便同道及後輩學習；相信這本《實用藥癮團體治療八堂課》的理論與實務，能大大地滿足第一線成癮治療教育訓練的需求，特在此代表衛生福利部予以推薦。

衛生福利部 心理暨口腔健康司

司長 諶立中

──── 推薦序三 ────

　　藥癮是一複雜性腦與行為的疾病，且藥物濫用會帶來許多的健康與社會問題，從身心健康與疾病、家庭功能、再到社會參與（如工作）之影響，嚴重者會出現自殺、自傷議題，並延伸出搶奪、槍枝、販毒、偷竊、殺人等行為使犯罪率升高。雖國人已逐漸認識物質使用障礙症（藥癮）是一慢性大腦疾病，但僅有少數物質使用障礙症有藥物治療之實證依據（如美沙酮及丁基原啡因治療海洛英成癮，及Naltrexone、Acamprosate、Disulfiram治療酒癮是國際認可且具實證依據之藥物）。目前國內占多數之藥物成癮個案如甲基安非他命、搖頭丸（MDMA），K-tamine、大麻成癮皆無實證療效藥物可治療藥癮患者。

　　在臨床實務之藥癮個案幾乎皆缺乏病識感及主動就醫動機，大多數藥癮者如甲基安非他命，搖頭丸（MDMA），K-tamine、大麻……使用者常否認自己有藥物成癮疾患，且認為這些藥物不會上癮，而錯失初

期治療最好機會。由於藥癮個案缺乏治療動機及不知自己用藥行為已成癮，故臨床實務成癮治療人才訓練之初學者，應須了解基礎動機式晤談及如何促發個案改變自己行為而增強戒癮動機。

　　由於任何物質成癮並非一天促成，而在戒癮過程中想改變其行為亦非幾天就可達到戒癮成效，故須了解個案嚴重度程度及其處於治療的何種階段？方能思考用何種方式協助藥癮個案逐漸脫離藥癮危害。本書特點在提供成癮專業人才初學者了解簡單扼要之基礎動機式晤談法的四個核心精神（合作、接納、喚起及仁慈），及如何運用跨理論模式中的改變五個階段（懵懂期、沉思期、準備期、行動期及維持期），並融合運用於八堂課之實務臨床藥癮團體治療，深信此書將可嘉惠初學藥癮團體治療之同好。

國防醫學院 醫學系 教授
三軍總醫院 精神部 主任

黃三原

2021-11-16

推薦序四

　　成癮行為是一種腦、行為與遺傳性的病變，造成身心靈失調且常合併精神病理現象，影響個人健康與家庭功能並製造社會問題。百年以降，台灣的成癮物質從清朝及日治時期之單一鴉片到聯合國毒品與犯罪辦公室1961年《麻醉藥品單一公約》及1971年《精神藥物公約》所列管非法物質，以迄現今數百種新興精神活性物質，毒品種類推陳出新，跨國毒品來源威脅日益嚴重，毒品濫用防制工作層面廣泛而複雜，雖有賴政府單位研訂周全有效的反毒策略，但更須與家庭、學校、民間各界共同合作推廣，才能有效防堵毒品與相關成癮行為的危害。

　　在藥癮治療服務機構中，心理社會介入是重要的治療元素之一，而動機式晤談（motivational interviewing）和動機增強療法（motivational enhancement therapy）都是透過心理社會介入的方法以增加個案改變行為的動機，它必須透過協同合作的、

具有啟發性的並且能夠確認患者的自主權。臨床醫生通常是以諮詢而不是威權者的角色，以尋求了解患者的價值觀。這樣的作法能夠建立同理心並形成治療聯盟，從而促進行為的改變，讓患者們意識到吸毒行為與對他們而言並不是生命中重要的一件事情，從而減少高風險行為。

藥癮治療服務模式特別強調一站式服務、以社區為基礎的網絡服務、持續復元管理等，讓接受治療者能夠去除在接受治療過程中的障礙，完成完整的評估與治療，並朝向社會復原的目標邁進。秦文鎮醫師投入國境之南的屏東縣司法繫屬藥癮個案分流評估及社區多元處遇模式多年，定期參與藥癮治療金三角網絡會議，深入鄉里推動友善藥癮治療社區處遇的工作，為完整的社區藥癮多元處遇模式而努力。而秦文鎮醫師的大作《實用藥癮團體治療八堂課-理論與實務》的推出，除了闡述藥癮的腦部疾病與行為模式、治療的理論與方法、藥癮治療之現況與困境等議題，更以多年臨床經驗，詳細介紹藥癮團體治療課程的內容與操作技巧，透過八堂課程的訓練來達成個案復原的目的。

這本新書的誕生，提供我國成癮治療專業人員做為

臨床治療實務或教學的重要參考。拜讀秦文鎮醫師的大作後，特爲此序，以感謝秦文鎮醫師在藥癮治療領域多年的貢獻與努力，達成協助推廣台灣各地的藥癮社區治療工作，維護全體國民的身心健康。

國防醫學院三軍總醫院北投分院院長

社團法人臺灣成癮學會理事長

楊斯年

推薦序五

動機式晤談在跨理論模式，
創造更多的生命亮點

　　藥癮是行為也是疾病，「動機式晤談」是助人工作
者用來協助藥癮或其他物質成癮者，使其能有自主性改
變動機來改變成癮的問題，重新復歸正常生活。藥癮者
行為改變透過動機式晤談，在尊重個案自主及接納關懷
中，本書作者運用動機式晤談及跨理論模式(TTM)協助
藥癮者行為改變的多年專業實務經驗，提供在地實務有
效的治療模式。個人從1993年至今的藥癮者實務服務
中，也看到藥癮者行為的改變歷程呈現循環的樣貌，而
行為改變更非一蹴可幾，在實務及研究皆發現藥癮者行
為改變，透動機式晤談及跨理論模式的結合有了顯著性
進展。

　　本書從動機式晤談的實務運用介紹，再加上有多年
運用於成癮行為改變治療之跨理論模式，從其三個面向
的5個階段(stages)、10個過程(processes)、2個指標

(marks)，在書中皆有詳盡及實務運用介紹，加上跨理論模式也融合各心理學的理論及治療的技巧，因此，本書不僅可提供對成癮服務專業知能的學習，也對目前在成癮實務一個有效性及理論架構之重點標竿之一。很榮幸，先大家一步深讀此書，也獲益良多，相信此書有助於成癮專科醫師、心理師、社工師、護理師、個管師等相關實務專業對藥癮者輔導處遇服務參考，提供了深入淺出有效的藥癮團體治療處遇課程的設計及理論運用。

很開心這本書的出版付梓，不僅引領在成癮領域有興趣的助人工作者及專業人士，同時提升在成癮服務實務及理論之知能與運用，也喚起對藥癮、物質成癮者在尊重與自主的行為改變動機下，並鼓勵物質成癮助人工作者在以個案為中心的概念，重視當事人行為改變動機主動性的治療立場，循序漸進走向社會復歸的道路。

國立屏東科技大學副教授

行政院毒防委員

台灣世界快樂聯盟執行長

張麗玉

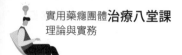

作者序

　　藥癮為一種慢性的腦部疾病的概念，已由無數的實證醫學驗證無誤，惟過度強調其腦部疾病的觀點，卻易忽略藥癮疾病是以一種「習慣行為」來表現的特殊性；致目前台灣臨床藥癮治療，出現了「重藥物治療，輕行為治療」的普遍現象，若不及時導正上述偏差，恐將令台灣的藥癮治療水準落後其他先進國家，而政府近年積極投入的龐大藥癮治療資源，也難見成效。

　　由於近年台灣毒品相關法規的修法，大幅增加一、二級毒品施用者裁定緩起訴附命戒癮治療人數（近年每年約有7、8千人由地檢署裁定至醫療機構進行藥癮治療），其中又以二級毒品施用者為主，約占八成。因此更突顯行為治療的理論與實務技巧運用，是從事藥癮治療相關專業人員需具備的重要知能。

　　自1980年代的「動機式晤談法」（motivational interviewing，MI）強調行為的改變首重動機的促發後，成癮的治療模式有了劃時代的改變，更突破了以往

心理衛生領域最常用的認知行為治療、心理動力分析或是傳統的衛教認知技巧。而奠基於動機式晤談法，繼而有「跨理論模式」（transtheoretical model，TTM）的發展，更是讓行為改變的治療模式能以更具體、易操作及具實證的面貌呈現，該理論是以動機式晤談法的精神及技巧為靈魂，融合各行為治療學派理論的核心精華而成，非常實用，也是從事成癮治療專業人員應具備的知能，本書有專章介紹上述理論。

近年我本身以動機式晤談法合併跨理論模式設計了八堂藥癮團體治療的課程，配合屏東縣毒防中心「緩護療藥癮治療金三角模式」，在實務操作過程中廣邀社工師、護理師及心理師為協同帶領者來培力更多藥癮治療專業人才，於整體療程中，藥癮個案及參與的協同治療專業人員均對此課程設計給予許多正向回饋；在某種使命感的驅動下，我將以上八堂課之理論基礎與操作實務彙整成此書，期能嘉惠更多同道及後進，共同為台灣的藥癮治療努力。

目錄CONTENTS

壹　動機式晤談法與跨理論模式

貳　八堂藥癮團體治療內容與核心操作技巧

參 **藥癮治療綜論**

壹

動機式晤談法
與跨理論模式

動機式晤談法精要

　　動機式晤談法（motivational interviewing）最早是由美國的心理學家William R. miller博士於1983年發表於Behavioral Psychotherapy 期刊中的原著，而第一版的動機式晤談法專書則由William R. miller與英國的心理學家Stephen Rollnick博士合著，於1991年出版問世，兩位作者都是長期從事成癮行為、心理衛生及愛滋病等相關領域之臨床治療、疾病預防和學術研究的傑出學者，更在上述領域貢獻良多、獲獎無數。第二版的動機式晤談法則於2002年出版，時至今日，該書已於2013年完成第三版的出版。在以實證醫學為依據的基礎上，該書每十年更迭的新版中都彙整了最新的成癮行為之腦科學研究發現及治療與預防，更值得一提的是自1991年第一版動機式晤談法出版至今，已有超過25,000篇期刊論文引用過動機式晤談法，超過200個關於動機式晤談法的隨機臨床試驗（randomized clinical trials）發表，目前動機式晤談法已是精神醫學、心理學

及健康照護促進領域的暢銷書籍。

　　值得特殊推薦的是2013年出版的動機式晤談法，其奠基於過往第一、二版內容於實證研究的運用成果，更加入了語言心理學（psycholinguistics）運用於行為改變的理論與技巧，成為第三版書中的重要元素，作者強調該版有超過90%的內容是新的，尤其是將動機式晤談法的運用以四個過程的模式（four-process model）重新框架，書中並以豐富的真實臨床案例分析及會談技巧對話內容，引導閱讀者學習及領悟動機式晤談法的核心精神及臨床運用技巧。

　　若要概述動機式晤談法的精髓及其之所以在近30多年來在「行為改變」（behavior change）的領域廣被運用的原因，兩位作者在該書前言提到的「尊重個案自主權」（autonomy support）及「以個案的利益為出發點」（compassion），兩大元素正是貫穿整本書的靈魂及特色。因為，在藥癮治療的臨床實務過程，大部份的個案其實是知道「毒品應該戒除的」、「行為是必須改變的」，但是，「知道」不等於「做得到」，且個

案甚至能預測「復發」（relapse）的歷程，卻在毒品面前束手無策……，上述的一切，核心的原因為個案雖然知道改變及預防復發的方法，但卻缺乏能持之以恆的改變「動機」（motivation），故陷入復發的惡性循環，最後因習得無助而放棄改變。故該書兩位作者強調：專業治療者於個案行為改變的過程中，首重促發個案的改變動機，個案需要的並不是被灌輸（installing）知識，而是喚起（evoking）個案內在關於改變的想法與動機，並從探討用藥行為的矛盾中創造不一致性，強化個案的優勢以穩固其改變的承諾，進而發展出具體可行的改變行為。作者形容動機式晤談法的互動過程像是兩個人的華爾滋舞蹈，不是摔角比賽！極其傳神到位。

第三版的動機式晤談法全書以宏觀的四個過程模式（four-process model）為章節的主要架構，包含：建立關係（engaging）、聚焦問題（focusing）、促發動機（evoking）及擬定計劃（planning）。上述每一個過程中，作者都將動機式晤談法的靈魂核心精神PACE（partnership、acceptance、compassion、evocation）輔以OARS（open questions、 affirmation、reflection、summarizing）四個技巧的運用，呈現於書中無數的行為改變案例之會談過程，引導讀者有系統性的理解與學習，此書雖僅400餘頁，惟因內容精闢、創新的會談操作技巧令人嘆為觀止，致初讀此書，難免卻步，吾人自認資質平庸，閱讀全書數遍後，僅自認略懂，故野人獻曝，與同道及後進分享。

2

跨理論模式概論

跨理論模式（transtheoretical model, TTM）是由美國兩位心理學家James O. Prochaska 博士及Carlo C. Diclemente博士於1984提出，兩位學者都是長期從事行為科學研究的專家，並發表無數的學術論文及專書，貢獻卓著、獲獎無數。

該理論的形塑，係奠基於上述兩位學者長期於臨床治療及研究的過程中發現；大部份能獲致成功的行為改變者，不論是否接受正規完整的治療，有其共同的特徵及改變的機轉，而且，這些特徵與機轉是有時間序的往前推移的，這也是跨理論模式對於行為科學及心理學領域最大的貢獻，其後並被廣泛運用於成癮行為的治療的主要原因。

跨理論模式包含三個主要面向：5個階段（stages）、10個過程（processes）、兩個指標（marks），而該理

論之所以在近30餘年來廣為運用於成癮行為改變的治療，
且經實證醫學確認具療效，其主要的原因即是，跨理論模
式強調行為改變的治療模式，須依個案於不同的階段，擬
定不同的治療策略，惟有正確辨識出個案改變階段的治
療策略才能協助個案往成功改變的過程推移！這便是該
理論異於其他治療理論模式的主要立論基礎。

　　跨理論模式顧名思義便是融合了各心理學的理論
及治療的技巧，因此，舉凡有關行為改變之具實證基
礎的行為表徵、行為認知、介入技巧及療效評估等各
理論學派，皆為跨理論模式所引用，包含了：動機式
晤談法（MI）、簡短介入（brief intervention）、
認知行為治療（CBT）、正念冥想（mindfulness
meditation）、正向心理學（positive psychology）
及充權理論（empowerment）等。

　　在藥癮治療的過程中，關於「復發」（relapse）
這現象，是個案與治療者需共同面對的議題，更是目前
台灣關於藥癮治療之「療效評估」於衛政、司法體系、
社政及社會輿論的論辯焦點！惟若回歸科學實證，依

跨理論模式的觀點，宏觀而言，在行為改變未達穩固
（solidfy）之前，行為是呈現循環（cyclical）而非線
性（linear）的，亦即，在成癮治療的領域，應視復發
為療程中（或更宏觀的以個案的人生而言）正常的現
象，故評估治療成效，應以跨理論模式之兩個行為改變
的指標（marks）：決策平衡（decisional balance）
及自我效能（self-efficacy）是否產生正向的變化為依
據，因此，不論對治療者或個案而言，都應視復發為重
新檢視上述兩個指標的最佳時機，因為，可以再次擬定
對個案更有效果、更新的改變治療策略，這也正是動機
式晤談法強調「復發是重新框架（reframing）」的好
機會，因此，個案與治療者都不需為「復發」而感到挫
折！

　　以下簡介跨理論模式的主要架構：

改變五個階段
（5 distinct stages of change）

（各名詞定義於本書下列八堂團體課程中詳述）

懵懂期(precontemplation)：
　　行為改變的最早階段，個案對於自己的問題行為

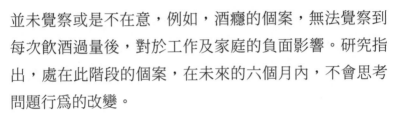

並未覺察或是不在意，例如，酒癮的個案，無法覺察到每次飲酒過量後，對於工作及家庭的負面影響。研究指出，處在此階段的個案，在未來的六個月內，不會思考問題行為的改變。

沉思期(contemplation)：

此階段的個案開始能覺察及關注自己的問題行為，並思考如何解決，也能開始將改變的想法與其重要的個人價值觀連結。例如，藥癮的個案開始嘗試去了解及認識藥癮的治療方案，但尚未開始進行改變。

準備期(preparation)：

此階段的個案會在30天內開始改變其問題行為，並能對改變作出承諾，但是，此階段的個案未必能從過往行為改變的失敗經驗中，發展出新的最適行為改變方法。

行動期(action)：

此階段的個案開始採取行動改變其問題行為，例如藥癮者將用藥的工具丟棄，或開始進入各種藥癮治療之療程等。

維持期(maintenance)：

此階段是行為改變的最後階段，此階段的關鍵為

個案於行動期發展出的正向行爲與新的生活型態要能持續，所以，個案是否能在此階段不斷強化其自我效能，及在充滿外界刺激的日常生活中運用適當的人際互動技巧，將是其是否會復發的重要因子。

改變十個過程
（10 processes of change）

經驗過程（experiential processes）：

1.意識覺醒（consciousness raising）

建立關於問題行爲的覺察與認知。

2.情感覺醒(emotional arousal)：

透過以往問題行爲的負面經驗，思考改變策略。

3.自我再檢視(self-reevaluation)：

探討個人的人生觀、價值觀與問題行爲的連結，創造不一致性。

4.環境再檢視(environment reevaluation)：

重新檢視問題行爲與個案日常生活中人、事、物的因果關係。

5.社會揭露(social liberation)：

透過社會資源的連結，協助個案對於其問題行爲之

去標籤化，並進一步建立穩固的外部支持系統。

行為過程（behavioral processes）：
　　1.風險控制（stimulus control）
　　討論觸發問題行為的刺激源，以發展有效的行為改變方案。
　　2.反制約(counterconditioning)：
　　增強個案對於刺激源的覺察能力，並發展出異於過往的正向替代行為。
　　3.酬償管理(reinforcement management)：
　　探討問題行為改變於個案生活中產生的正向實質影響。
　　4.自我揭露(self-liberation)：
　　協助個案增加其改變承諾之自信，以維持改變的狀態。
　　5.支持網絡(helping relationships)：
　　連結各種內、外在支持網絡，協助個案產生更多正向連結，預防復發。

改變兩個指標
（2 markers of change）

決策平衡（decisional balance）：能透過行為改變的利弊之決策平衡過程，作出正確的決定，改變問題行為。

自我效能（self-efficacy）：探討高風險情境之處置，以發展出有效的問題解決能力，進而加強其自我效能，以穩固其改變的維持期。

3

結合動機式晤談法
與跨理論模式於藥癮團體治療

　　藥癮是一種腦部疾病，於個體則以「用藥行為」表現，故藥癮的治療以促發用藥行為改變的「動機」為首務。依據跨理論模式（TTM）對於行為改變機轉的理論應用，因行為的改變歷程是呈現循環而非線性的樣態，且行為的改變有其循序漸進的過程，故需藉由團體課程的設計，協助個案往正向的行為改變過程推移。

　　Mary M. Velasquez博士是美國社會工作學術領域長期致力於健康行為促進及訓練的著名學者，其研究的領域包括：藥癮、酒癮、菸癮、愛滋病預防及整合性的健康促進計畫等。同時，也是動機式晤談法的培訓網絡訓練老師（MINT），她與其他三位行為科學、心理學領域的學者，於2001年出版了第一版的Group Treatment for Substance Abuse，書中以跨理論模式為主要架構，設計出藥癮團體治療的實務課程，提供臨

床治療者作為操作指引。該書第二版於2016年問世，書中除跨理論模式架構外，更累積歷年來動機式晤談法的實證研究發表而深化運用於團體治療實務，尤其，融入了語言心理學（psycholinguistics）於團體課程的實務操作，更發揮了畫龍點睛之妙，活化了動機式晤談法於團體動力推移的力量，使團體成員及團體帶領者於每一次的團體療程都能有新的體驗與領悟。

貳

八堂藥癮團體治療內容與核心操作技巧

（歡迎成癮治療專業人員引用本書編製之團體治療操作內容
於臨床治療實務或教學，惟需註明引用自本書，每堂課程之
1-1、1-2……係於團體療程中由治療者發給每位團體成員的
文字化素材）

4

八堂藥癮團體治療理論與實務綜論

　　本書八堂藥癮團體治療課程的設計，主要是以動機式晤談法（MI）的核心精神及技巧，結合跨理論模式（TTM）之行為改變的五個階段、十個過程及兩個指標，並參考Group Treatment for Substance Abuse（Velasquez MM, et al. 2nd ed, The Guilford Press. New York, 2016）之半結構式的團體課程架構及作者本人近15年來從事臨床藥癮治療之本土實務經驗設計而成。使用者若能依循八堂課之理論基礎，循序漸進的依技巧操作，則應能快速上手，並從中領略助人與自我專業成長的喜悅！

　　近年台灣毒品相關法規的修法核心精神及新世代反毒策略2.0的資源規劃，皆強調給予毒品施用者於社區接受多元戒癮治療的機會，然就治療實務而言，經由司法處分過程而至各醫療機構接受戒癮治療的個案，就屬性上為「非自願」個案，其「司法處遇」的身份，對治療

專業人員而言，實屬「雙面刃」，亦即，治療者需有能力處理「強制治療」與「個案阻抗」的議題，方能期待治療成效。

已有無數的臨床藥癮實證指出，藥癮團體治療的療效優於個別治療；其立基為：透過團體治療形式所創造的治療環境與氛圍，能減少藥癮者的被標籤化與個案對於其過往失控的用藥行為所產生的羞愧感！團體帶領者若能運用有效的治療技巧，將對團體成員關於戒癮的動機、認知、態度、自我價值及其人生觀等，產生明顯的正面影響。因為，經由有經驗的團體帶領者運用課程的設計，可以讓團體成員產生同儕互助的效果，進而於療程中藉由團體成員們的腦力激盪、自我揭露、決策平衡及提升自我效能等過程，既可避免團體帶領者誤入「專家陷阱」的窘境，也讓團體成員一起往正向改變的過程推移，而團體成員在療程課堂中繼續體驗經由同儕人際互動影響其個人行為的模式，既可降低團體成員的阻抗，更能將團體動力往彼此學習、回饋有效戒毒方法的方向推移，進而減少其過往獨自戒毒失敗的挫折感，這便是成功的藥癮團體：「藉由團體成員動力形成正面的

影響」的精義。

　　藥癮團體治療的短期目標一般包括：辨識用藥行為問題、促發改變動機及減少用藥行為；而長期目標則包括：發展達成戒除的行動及計畫、維持戒除狀態之穩固與生活功能、品質的改善與提升。

　　一般而言，藥癮團體以8至12人為宜，每堂課程內容設計約60分鐘。而目前台灣緩護療的個案以二級毒品施用者為主，故實務上，團體療程的規劃應與司法處遇流程相互配合，盡量避免醫療與司法因專業場域文化不同而產生扞格，因此，藥癮團體可採開放性的團體治療模式進行，以形朔友善、可近的成癮治療處遇，如此，方能臻：「以個案為中心」的理想；是以，治療者更需具備精實的團體帶領技巧，方能讓療程順利進行，而治療者也能在療程中隨著團體帶領經驗的累積，領悟、深化動機式晤談與跨理論模式之精髓。

行爲改變歷程辨識與動機提升戒癮團體八堂課

團體治療目標：

（一）建立治療夥伴關係與提升行爲改變動機

（二）辨識行爲改變的歷程及催化改變階段的進程

（三）決策平衡與個人化高風險情境之辨識與處理

（四）提升自我效能，強化優勢觀點，維持行爲改變

（五）發展新的人際互動技巧，建立預防復發的自信心

次	主　題	行為改變歷程
1	介紹成癮行為改變階段	✓ 意識覺醒(consciousness raising) ✓ 自我再檢視(self-reevaluation)
2	行為改變歷程辨識與促發改變動機	✓ 意識覺醒(consciousness raising) ✓ 自我再檢視(self-reevaluation) ✓ 情感覺醒(emotional arousal) ✓ 環境再檢視(environment reevaluation)
3	行為改變認知探討與重建	✓ 意識覺醒(consciousness raising) ✓ 自我效能(self-efficacy) ✓ 自我再檢視(self-reevaluation) ✓ 環境再檢視(environment reevaluation)
4	檢視個人人生觀及生活目標	✓ 意識覺醒(consciousness raising) ✓ 自我再檢視(self-reevaluation) ✓ 情感覺醒 (emotional arousal)
5	行為改變之決策平衡	✓ 決策平衡(decisional balance) ✓ 自我再檢視(self-reevaluation) ✓ 環境再檢視(environment reevaluation)
6	高危險情境因應技巧	✓ 風險控制(stimulus control) ✓ 反制約(counterconditioning) ✓ 自我揭露(self-liberation)
7	發展替代行為增強自我效能	✓ 反制約(counterconditioning) ✓ 酬償管理(reinforcement management)
8	預防復發及建構未來生活	✓ 自我揭露(self-liberation)

5
第一堂

意識覺醒（consciousness raising）
自我再檢視（self-reevaluation）

1.理論基礎與治療目標

　　藉由課程的設計，導入行為改變五階段的觀念，促發個案思考關於使用毒品的行為，對其生活、家庭、人際關係的影響。經由團體成員的回饋與治療者適當的回應，讓個案認識改變的過程非一蹴可幾、改變的過程是動態的，並經由個案回饋毒品對其自身的影響，檢視其目前整體身心狀態，以建立正確的戒癮認知與促發改變的動機。

2.操作技巧與注意事項

　　這是療程的第一堂課程，某些個案會出現阻抗，是正常的現象，治療者必須善用動機式晤談法中「以個案的利益為出發點」（compassion）的精神，避免使用質問的語言，並尊重個案的自主權，且於團體進行過

程，要注意成員間是否出現批判性的互動，要適時予以轉移，以避免團體主題失焦。

處理個案阻抗的技巧包括：「老師的工作是讓各位更瞭解自己，但是否改變的責任在你們自己」、「你反對剛才老師的說法，代表你有很認真在思考今天的內容」、「沒有人是專家，只有自己才是自己的主人」、「我們一起來思考，如果，未來的生活中不再有毒品會變成如何？」等等。

1-1是以喝酒及抽香煙為例，帶領團體成員進行討論，藉由非毒品相關的成癮議題，降低個案的防衛，因為大部份的個案，都會願意對於1-1中喝酒及抽香煙的議題回饋，並作為1-3介紹改變五階段預留討論伏筆。

1-2的課程目的有二，引導個案省思自己過往的吸毒經驗及提供個案毒品成癮的負面影響，惟治療者要注意避免逐字、逐條導讀，應以個案自填的方式進行，因為若以衛教團體的形式進行，在初期很容易引起團體成員的「阻抗」及「否認」。

　　1-3的內容爲正式向團體成員介紹行爲的改變有五個階段，帶領者可藉由個案於1-1及1-2過程中的回饋，以動機式晤談法之肯定個案（affirmation）及同理性的回應（empathic reflection）技巧，作爲引導個案了解改變是分階段的、是動態的，以期建立正確的戒癮觀念，並強調於療程中，團體帶領者的角色爲陪伴、接納團體成員，而療程中團體成員將會體驗互助的夥伴關係（partnership）作爲第一堂課的結語。

1-1

◆有一個人因爲喝酒開車（酒駕）被警察攔檢後移送地
檢署，裁定強制治療及罰款。但是，他向他的朋友
說：「因爲那天是月底，警察績效不夠，我運氣不好
才會被抓。」

◆有一個人想戒菸，他已經兩個禮拜不抽菸，也把桌上
之前剩下的半包菸丟垃圾桶，並且把自己有菸味的幾
件外套清洗過了。

1-2

關於我自己以前的吸毒問題

1. 我曾因為吸毒而影響我的工作，破壞我　　是　否
   和家人的關係

2. 我以前吸毒，造成身體有後遺症　　　　　是　否

3. 我曾因為沒有毒品而「啼藥」　　　　　　是　否

4. 以前吸毒時，就算家人阻止我也沒有用　　是　否

5. 以前吸毒較嚴重時，會一直去「追藥」　　是　否

6. 我曾吸毒上癮，想戒都戒不掉　　　　　　是　否

7. 我以前吸毒時，感覺脾氣會變得暴躁，　　是　否
   情緒變得不好

1-3

懵懂期

維持期

沉思期

行動期

準備期

6
第二堂

意識覺醒（consciousness raising）
自我再檢視（self-reevaluation）
情感覺醒（emotional arousal）
環境再檢視（environment reevaluation）

1.理論基礎與治療目標

　　這堂課的設計為運用動機式晤談法的EPE（elicit-provide-elicit）技巧，引導個案思考本身關於吸毒、戒毒的迷思及毒品對其生活中的人、事、物所產生的影響，進而導正個案對於戒癮治療的偏差認知，並運用團體成員的動力，促發個案分享關於吸毒所造成的負面影響，以協助個案於療程中學習正確的戒癮認知，並經由團體帶領者運用適當的技巧，於團體成員討論的過程中，協助個案辨識其目前處於何種改變歷程。

2.操作技巧與注意事項

　　因台灣目前於醫療機構接受戒癮治療的個案以非自

願性質爲主（約百分之八十爲二級毒品施用之緩護療個案），致處於改變階段之懵懂期（precontemplation）及沉思期（contemplation）的個案於團體療程初期產生阻抗爲普遍現象，本堂課程的設計卽藉由帶領個案討論「非自願戒毒」的議題，促發個案參與治療的動機，並使其能於療程中增加正向的戒毒認知與行爲。

2-1的首要技巧爲使用動機式晤談法中的開放性問句（open question），例如：「各位同學今天爲什麼需要來這裡上課？」、「大家對於手上2-1這兩句話同意嗎？」，通常這樣開場能降低個案的阻抗，引導個案主動發言，過程中需及時回應（reflection）並肯定（affirmation）個案正向的想法，然後帶領者再將團體的動力以「只要願意來參加治療，就有戒毒成功的機會！」的方向推移，作爲2-1的結語。

2-2的內容爲更具體的形容關於吸毒的迷思，當然也是很多團體成員的現況；故帶領者於發下2-2請成員導讀前，務必先使用本章前述之EPE技巧：「老師想提供一些關於一般人對於吸毒的看法給各位同學參考，

可以嗎？」，「關於這些形容不一定是對，在座每個
同學都可以發表自己的看法！」，然後再請個案導讀
2-2的內容，惟進行中可能會有團體成員因各種原因而
於療程中不斷發言，反對2-2的內容，這是很常見的現
象，帶領者回應的技巧為：「你真的有很認真在思考
這些問題（affirmation）」、「每個同學都有權決定
這些資訊是否對自己有幫助（acceptance，support
autonomy）。然後帶領者再藉由某些團體成員正向的
發言，同樣運用肯定（affirmation）的技巧，請成員
對正向的發言再作更深入的表述，最後由帶領者結論：
「越早參與戒毒的療程，就能越早獲得正確的戒毒知
識，減少戒毒失敗的挫折感。」

　　2-3的課程設計將對個案產生震憾性的心理影響，
因為，戒毒失敗，再復發為個案常經歷的循環，當然也
是很多個案不願真實面對的痛苦歷程，故藉由2-3課程的
設計，請個案回饋其吸毒與戒毒過程中，關心過自己的
家人、朋友等回憶，然後，帶領者必需對個案過往的負
面或失敗經驗進行「重新架構」（reframe），技巧為
深化運用動機式晤談法中的同理性的回應（empathic

reflection），帶領者可以回饋個案：「你真的是一個很在意家庭的人」、「你其實是個很有責任感的父親」、「聽起來，過去吸毒的日子讓你失去太多了，而你有信心，未來的生活中，不會再讓毒品困擾你了！」，以達成「重新架構（reframe）」的治療目標，並協助團體成員往成功的改變歷程推移。

註：empathic reflection更精確的出處為brief intervention。

2-1

「除非是自己自願來接受戒毒的治療，不然，戒毒是不會成功的。」

→不是的，依據科學家的研究，不論是自願或是被法院強制規定來接受戒毒治療的，都能有一樣好的戒毒成效。

「吸毒的人一定是要等到被警察查到了，才可能改變。」

→雖然，通常要等到被警察查到了，吸毒的人才可能開始有所改變，但是，若能愈早開始接受戒毒的相關諮商及治療，就能擁有更健康及不再使用毒品的人生。

2-2

1.使用毒品的人是壞人？

「使用毒品的人不是壞人，他們只是需要一些改變，但是因為使用毒品會導致腦部的改變，所以要改變的確有點困難。」

2.使用毒品會不會成癮是個人意志力的問題？

「這是一般人的看法，但這樣的看法容易被誤解，事實上，毒品成癮所造成腦部的改變並不是個人的意志力能完全控制的。」

3.使用毒品的人應該被處罰，不是被治療？

「醫學的研究顯示使用毒品會造成腦部的變化，但是治療比處罰有效。」

4.有些人就是無法戒毒成功？

「醫學的研究顯示愈努力嘗試戒毒的人，就愈有戒毒成功的機會，因為，每次嘗試戒毒，都會學到一些更能幫助自己的戒毒方法。」

我要戒毒是因為……
我的名字是＿＿＿＿＿＿＿

我的　　在意我吸毒，他覺得吸毒會：

我的　　在意我吸毒，他覺得吸毒會：

我的　　在意我吸毒，他覺得吸毒會：

7
第三堂

意識覺醒（consciousness raising）
自我效能（self-efficacy）
自我再檢視（self-reevaluation）
環境再檢視（environment reevaluation）

1.理論基礎與治療目標

　　本課程的重點為協助個案瞭解成癮與腦部酬償系統（reward system）間的關聯，並說明毒品的使用會弱化腦部的決策能力（decision making），且腦部對於毒品的使用經驗會產生學習及記憶的反應，故而導致成癮現象。惟因成癮的腦部運作機轉極其複雜，故需藉由課程的設計，讓團體成員易於討論、分享並回饋，簡單的說，就是運用認知治療性的團體動力，達成「寓教於樂」的衛教性團體的目標（consciousness raising）。

　　對個案而言，毒品的使用常是因過去吸毒的記憶與高風險情境的交互作用而成，因此，必需讓個案藉由高風險情境的辨識及團體成員的討論與分享，達成協助個

案進行環境再檢視（environment reevaluation）的過
程，而帶領者則需運用動機式晤談法的技巧，引導團體
成員分享其復發的歷程、拒毒成功的經驗等，以提升個
案於高風險情境的拒毒自我效能（self-efficacy）。

2.操作技巧與注意事項

團體帶領者以日常生活中，關於交通號誌之紅燈、
黃燈、綠燈為開場，邀請團體成員分享自己的行車習
慣，並引導成員思考自己是如何判斷燈號的意義、如何
作出決定等，然後由團體帶領者說明：「人的腦中存在
一個「煞車」（決策）與「加油」（酬償）系統」，兩
系統相互平衡而讓個體作出正確決策。而毒品的使用，
會破壞兩者的平衡，甚至造成腦部的「煞車系統」失
靈，後果堪虞。

3-1需以肯定個案願意出席參與治療開始，並以
動機式晤談法之夥伴關係（partnership）及接納
（acceptance）團體成員過往對於毒品難以抗拒的無
助，進而引導個案分享自己的拒毒方法，而團體帶領者
於療程中除需肯定個案的拒毒意志力外，需強調「願意

分享自己拒毒方法的人，一定也能幫忙到今天在場的其他團體成員！」如此，團體的動力將會對個案產生助人、助己的影響，而且，也可避免團體帶領者誤觸「專家陷阱」。

　　3-2先肯定團體成員分享及回饋3-1的拒毒經驗，繼而由帶領者使用EPE（elicit-provide-elicit）的技巧提供關於經實證有效的毒品渴求處理方法，並將之與腦部的「煞車系統」（決策系統）連結，讓團體成員理解，要讓腦部的決策系統恢復正常運作，就像車子的煞車系統要定期維修檢查一樣，都是一種平常就該練習的事情，此時，帶領者應將團體動力導向促發（elicit）團體成員再一次的更深入回饋自己的拒毒方法，並肯定之。

　　3-3為帶領團體成員辨識高危險情境，療程中需善用動機式晤談法之同理性回應（empathic reflection）及接納（acceptance），肯定個案對於自己過去的吸毒經驗的負面影響有很深刻的體悟，尤其，要在療程中強調高危險情境與個案復發的連結，而復發後，個案將會再陷入其曾體驗過的負面經驗（如對家庭、工作、人際之

影響等）的惡性循環，藉以促發團體成員學習「冷靜五分鐘」的拒毒技巧，增強其做出正確決策的自我效能。

3-1

毒品的使用會導致腦部的「煞車系統」變弱，讓人變得無法抵抗毒品的誘惑，所以，如何強化腦部對毒品的煞車能力非常重要。

1.當我很難抗拒再次使用毒品的感覺時，我能告訴我自己什麼呢？

2.關於抗拒毒品的誘惑，我能做什麼呢？

解　藥

以下是有些人覺得有用的方法：

1. 當我很難抗拒再次使用毒品的感覺時，我能告訴我自己什麼呢？

「很想再次吸毒的感覺來了，並不一定代表我會再次吸毒，也不一定代表我不想戒毒，如果我能立刻做一個對我的身體健康較好的選擇，我就能減少一次吸毒了」

2. 關於抗拒毒品的誘惑，我能做什麼呢？

「下班後或感覺壓力大的時候，很想吸毒，先讓自己冷靜5分鐘的時間，先停下來，別衝動，想想有沒有別的事可以做，讓自己減少一次吸毒，成功抗拒一次毒品的誘惑」

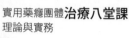

3-3

1.下列哪些情況會讓你想使用毒品（請✓、可複選）

1.心煩	13.身體疲倦
2.焦慮	14.身體疼痛
3.沮喪	15.夢見吸毒
4.生氣	16.別人拿毒品給我
5.開心	17.看到別人吸毒
6.擔心	18.別人邀請我吸毒
7.頭痛	19.事情不順利
8.啼藥	20.很想再用一次毒品
9.壓力大	21.想測試自己的意志力
10.想放鬆	22.非預期下衝動使用毒品
11.想提神	23.其他
12.空閒無聊	

2.當想吸毒的感覺出現時，冷靜5分鐘讓腦部煞車，你會
　想什麼？

8
第四堂

意識覺醒（consciousness raising）
自我再檢視（self-reevaluation）
情感覺醒（emotional arousal）

1.理論基礎與治療目標

　　第四堂課已開始進入團體療程的中段，團體成員藉由前三堂課的課程活動，瞭解並體驗了行為改變的懵懂期（precontemplation）及沉思期（contemplation），故第四堂課藉由自我再檢視（self-reevaluation）的過程，協助個案思考毒品的使用和其自我人生目標與重要價值觀的衝突，亦卽創造不一致性（discrepancy），藉由課程的設計，除促發團體成員改變的動機外，也能在生活中發展出替代吸毒的正向行為，往改變的下一個階段推移。

2.操作技巧與注意事項

　　跨理論模式關於行為的改變有兩個重要指標：

決策平衡（decisional balance）及自我效能（self-efficacy），也就是協助個案發展正向的替代行為與增強高風險情境的處理技巧。第四堂的課程設計便是藉由團體成員對於使用毒品的預期效果與重要的個人價值觀的討論與回饋，促發個案思考其行為與目標不一致性（discrepancy）的解決方法。

4-1的課程設計主要目的是協助團體成員瞭解人的行為其實是深受個人對該行為所產生的預期效果所影響，而行為所產生的結果，可能包含正向與負向的。藉由4-1的團體成員回饋，帶領者需引導個案思考是否每次使用毒品後，都能達到預期的效果？依不同團體成員的回饋，運用酬償管理（reinforcement management）正增強的技巧，引導團體的動力往毒品的使用會帶來負向的後果進行，繼而請團體成員討論可替代毒品的正向活動，於個案回饋過程中，帶領者需善用回應性傾聽（reflective listening）的技巧，以促發並加強團體成員改變的動機。

4-2的課程設計為引導團體成員分享自己正向的人生觀或生活目標，在現實生活中，個案很少有機會思考每天生活中的行為、習慣與自己心中的重要人生觀之間的相互關聯，故藉由課程活動的設計，引導個案講出自己重要的人生觀，這樣的過程將會對個案產生強烈的影響，個案會經歷行為改變過程中的情感覺醒（emotional arousal），而帶領者則需善用動機式晤談法之選擇性的回應（selective reflection）技巧，於療程中利用個案的回饋肯定其優勢，如此，將會引導團體成員更樂於深入的分享個人的正向人生觀。

　　4-3的課程設計目的為促發團體成員思考毒品的使用對其重要的人生觀或生活目標的負面影響，帶領者需於療程進行中兼顧「創造不一致性」（discrepancy）及「肯定個案優勢」（strengthening and affirming strengths）兩者之間的團體動力，引導團體成員分享及回饋，該如何檢視自己的行為是否和其價值觀與生活目標一致，進而促發個案往行為改變的準備期（preparetion）及行動期（action）推移。

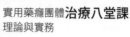

請寫下你自己對於以下題目的看法：

當我使用毒品時……

1.我覺得比較放得開	對	不對
2.比較可能做一些傻事	對	不對
3.我會變得比較浪漫	對	不對
4.我會覺得未來的一切變好	對	不對
5.我會變得比較有氣魄	對	不對
6.我會覺得愉快	對	不對
7.我會變得比較可以講出內心的話	對	不對
8.我晚上會比較好睡	對	不對

下面是一些有的人認為人生裡重要的事情或價值觀，請在你覺得對你也是重要的項目打勾：

○ 1.誠實

○ 2.講信用

○ 3.當好的父母親

○ 4.堅強的人

○ 5.有企圖心的人

○ 6.參加神明的廟會

○ 7.可以克制自己的人

○ 8.生活有條理

○ 9.友誼

○ 10.原諒別人

○ 11.名譽

○ 12.金錢

○ 13.權力

○ 14.知識

○ 15.藝術

○ 16.智慧

○ 17.被稱讚

○ 18.冒險精神

○ 19.有創造性

○ 20.當一個領導者

○ 21.健康

○ 22.同情心

○ 23.喜歡危險性

○ 24.傳統的人

○ 25.做什麼事都有目的

○ 26.有彈性的人

○ 27.安全感

○ 28.孤獨

○ 29.有趣

○ 30.自我認同

○ 31.照顧別人　　　　　○ 39.助人

○ 32.尊重　　　　　　　○ 40.獨立

○ 33.成功　　　　　　　○ 41.懂浪漫

○ 34.運動　　　　　　　○ 42.內心平靜

○ 35.責任感　　　　　　○ 43.挑戰

○ 36.有擔當　　　　　　○ 44.家庭

○ 37.有良心　　　　　　○ 45.舒服的感覺

○ 38.有成就　　　　　　○ 46.＿＿＿＿＿＿

4-3

1. 寫下6個你覺得對你重要的事情或價值觀，並在右邊寫下吸毒對這些重要事情或價值觀的影響：

重要的事情或價值觀

1.
2.
3.
4.
5.
6.

吸毒的影響

1.
2.
3.
4.
5.
6.

2. 如何改變才能讓你的生活更接近你的重要事情或價值觀？

9
第五堂

決策平衡（decisional balance）
自我再檢視（self-reevaluation）
環境再檢視（environment reevaluation）

1.理論基礎與治療目標

　　經過第四堂課程中的創造不一致性（discrepancy）及高風險情境辨識（environment reevaluation）的歷程後，第五堂課的治療目標爲更深化團體成員改變的動機及發展出更具體有效的改變方法，這堂課的核心理論基礎爲在決策平衡的過程中，巧妙的運用語言心理學（psycholinguistics）技巧，促發個案於療程中回饋其自身的改變行動（mobilizing change talks），以穩固（consolidating）團體動力往改變的行動期（action）推移，並以同理性的回應（empathic reflective）肯定個案的改變成功優勢（strengths）。

2.操作技巧與注意事項

　　一個人行為或習慣的養成，是由個案經過思考而做出的決策，而思考的過程則涉及該行為對個體本身產生的好處（pros）與壞處（cons）之綜合評估，經衡量後，做出最後的決定。因此，透過具體的決策平衡練習的課程設計，將能協助團體成員於療程中更深入的思考其使用毒品行為決策模式的全貌，對個案而言，這樣的課程設計，目的是提供其經由自我再檢視（self-reevaluation）的行為改變過程，強化改變的動機並促發具體的正向行為改變。

　　需要特別注意的是，本課程於操作過程，帶領者需避免陷入「制式化的回應」（righting reflex）的陷阱，也就是說，帶領者於療程中，勿主觀的以灌輸正確的戒毒方法回應團體成員的討論，因為這樣的回應違背了動機式晤談法的精神（respect autonomy），個案會感受到被強迫要接受改變，容易產生阻抗，而且帶領者本身也易感受到挫折，會讓團體動力停滯不前！

　　5-1由分析喝酒行為的課程設計，引導團體成員練習決策平衡的過程。喝酒是一種比較社會化的行為，故較能降低團體成員的防衛，帶領者可藉由成員的討論和回饋，進而回應說明每種行為的決策及該行為的持續，都一定有它的理由！而本課程帶領的技巧則是以語言心理學（psycholinguistic）為理論基礎，需注意將討論重心放在「喝酒的壞處」及「戒酒的好處」，這樣的帶領技巧，才能促發團體的動力往行為改變的目標發展，也就是說，個案需能講出其個人行為需要改變的必要性（desire）、理由（reason）及迫切性（need）。

　　5-2則進入毒品使用的決策平衡活動，5-1曾提到每種行為或習慣的產生，都一定有它的理由，但是，在現實生活中，團體成員很少有機會可以表達或公開討論關於個人使用毒品的理由，因為擔心被標籤化或被誤解為缺乏改變的動機，而大部份的戒癮團體療程設計，也因想避免團體的動力變成討論吸毒的好處而失焦，故而避談。因此，5-2的課程設計結合了決策平衡（decisional balance）及語言心理學（psycholinguistics）的理論，以「吸毒的原因」開始進行討論，這樣的技巧，通

常易於促發團體成員主動回饋其個人的吸毒經驗，團體的動力會變得較活潑，成員的專注力也會提高。

　　帶領者則將討論重心置於「吸毒的壞處」及「戒毒的好處」，如此便可避免團體動力偏移。藉由團體成員進行毒品使用行為的決策平衡的過程，可以促發個案思考其行為的矛盾（ambivalence）之處，而帶領者則需善用動機式晤談法之肯定（affirmation）及同理性回應（empathic reflection）的技巧，引導個案思考自身的行為與決策，對自己的人生觀、家庭及人際等面向的影響，如此，便能協助團體成員跨越過往關於毒品使用行為的矛盾，進而做出正確的決策，往成功的戒毒過程繼續推移。

5-1

關於某一個人對於自己喝酒的分析

喝酒的好處	喝酒的壞處
可以和朋友打成一片 幫自己暫時忘掉煩惱 放鬆 讓自己覺得愉快	不喜歡隔天起床頭暈的感覺 擔心我的小孩看到自己喝酒 買酒要花錢 醫生告訴我喝酒對肝不好
戒酒的壞處	戒酒的好處
我必須交新朋友 不知道如何打發時間 找不到讓自己快樂的事 必須想其他方法來解除我的 煩惱	對身體健康有好處 會讓我變成一個好人 會讓我變得比較清醒 會讓我工作和生活順利

關於我自己使用毒品的分析

吸毒的原因	吸毒的壞處
戒毒的壞處	戒毒的好處

10
第六堂

風險控制（stimulus control）
反制約（counterconditioning）
自我揭露（self-liberation）

1.理論基礎與治療目標

　　第六堂課的內容在療程中扮演著「橋樑」的重要角色，因爲，透過這堂課程的帶領，團體的動力將開始往行爲改變的行動期（action）及維持期（maintenance）推移，藉由課程的設計，協助個案體驗改變歷程之行爲過程（behavioral processes），以發展出具體可行的行爲改變方法。這堂課將引導團體成員進行毒品使用之高風險情境的辨識及控制，並藉由正念（mindfulness）技巧的練習，加強團體成員自我察覺的能力，協助個案運用反制約（counterconditioning）的技巧，免於陷入過往面對高風險情境之自動化反應（automatic reactions）而復發，並進一步深化第四堂課之自我再檢視（self-reevaluation）的內容，將行為改變往自我揭露（self-liberation）的過程推移，發展出個人化之具體可行的改變計畫與戒毒方法。

2.操作技巧與注意事項

在個案行為改變的歷程中，復發（relapse）是常見的過程，但復發常常會影響個案的自我效能，讓個案感到挫折，復發頻率太高則會使其改變的歷程停滯不前，故需藉本次課程的操作，經由團體帶領者運用動機式晤談法之「以個案的利益為出發點」（compassion）的精神，向團體成員說明復發是行為改變過程常見的現象，以形塑正向的團體動力，降低個案於療程中的防衛心理及挫折感，進而藉由本次課程的成員分享及討論，肯定團體成員自我效能的提升。

6-1的課程進行需由團體帶領者說明「復發」於行為改變歷程中的意義，通常此時團體的動力是被動的，故需經由帶領者以課程的例句說明，以喚起團體成員過往對於復發的理解及其個人經驗，但此時也可能已經啟動了團體成員的防衛機制（因為復發的經驗易與

意志力不堅或挫折劃上等號！），故帶領者需藉由6-1課程的舉例，方能引導團體成員分享其自身的經驗，並以同理性回應（empathic reflection）的技巧，肯定（affirmations）個案能勇於面對自己過往復發的經驗，並強調這樣的經驗分享能幫助到其他的團體成員（helping relationship），若帶領者能善用此技巧，則團體動力將會由沉默被動漸漸的轉換成活潑正向，而且可以引導出更多團體成員回饋具體的行為改變語言（mobilizing change talks）。

6-2課程的設計為協助團體成員學習反制約（counterconditioning）的行為改變歷程，運用正念冥想（mindfulness meditation）的方法，藉由練習對於身體感覺變化（body sensation change）的覺察能力，提升個案對於用藥高風險情境的辨識及因應技巧，以減少過往因自動化反應（automatic reactions）而引起的復發。惟大部份的團體成員可能不習慣於團體療程進行當中立刻按表操課的練習6-2課程中的身體掃描（body scan），帶領的技巧為請團體成員先閉眼三分鐘進行冥想，團體帶領者不需事先暗示或限制冥想內

容，於三分鐘結束後，團體帶領者應先說明：「在閉眼冥想時，腦中會出現各種想法，甚至會干擾自己，這些都是正常的！」，然後，邀請團體成員分享自己的冥想內容後，團體帶領者再接續進行本課程的身體掃描（body scan），帶領團體成員練習，此時，帶領者應將團體動力往預防復發的方向推移，引導團體成員回顧處於用藥高風險情境時，自己的身體或心理是否發生某些感覺，然後產生復發行為，進而衛教團體成員，若能常自我練習身體掃描，便能提高自己對身體或心理感覺改變的覺察能力，減少自動化反應（automatic reactions）造成的復發。

6-3是第六堂課的核心內容，課程設計的目標為藉由深化第四堂課之自我再檢視（self-reevaluation）的內容，也就是前述「橋樑」的功能；目的為將團體的動力往行為改變的行動期（action）及維持期（maintenance）推移。操作的技巧為請團體成員依6-3寫下關於自己的戒毒目標與改變計畫，並提醒成員，改變的方法與目標要「具體」、「務實」、「可行」，當團體成員完成6-3的內容後，帶領者再邀請某些成員

分享自己的改變歷程及具體方法，並善用動機式晤談法之開放性問句（open-ended questions），例如回應個案：「聽起來，這是不錯的方法，你是如何想到的？你覺得成功的機會有多高？改變的過程中是否曾遭遇什麼困難？……」，然後運用EPE（elicit-provide-elicit）的技巧，邀請團體其他成員一起思考，如何解決改變過程中可能遭遇到的困難，最後，帶領者以肯定及支持的技巧，讓所有團體成員了解改變的責任在自己（taking responsibility），只有透過自己認真的思考，才能為自己訂定出具體可行的改變計劃（making commitments），並肯定今天團體過程中成員們展現出的互助精神。

6-1

1.避免高危險情境：
立刻離開有人在使用毒品的地方

2.避免高危險情境：
減少和使用毒品的朋友連絡

3.改變自己的心態：
交一些沒有在使用毒品的朋友

4.改變自己的心態：
練習一些可以讓自己放鬆的方法

5.改變自己的心態：
在家裡或是工作的地方放一些可以提醒自己不再使用
毒品的東西

6-2

身體掃描是訓練自己對於身體的感覺敏感度的方法

步驟如下：

1. 閉著眼睛，注意自己的吸氣，感受空氣通過自己的鼻子，然後，腹部會隨著呼吸起伏。
2. 感覺一下自己身體和椅子接觸的部分。
3. 動一下自己的手、腳，感受一下身體和衣服接觸的感覺。
4. 接著，放鬆自己的全身，不要動，配合著呼吸，感受一下空氣從左腳進入，再從右腳進入。從左膝進入，再從右膝進入。從左大腿進入，再從右大腿進入。從下背部進入，往上到上背部，再往上到雙肩膀，再順著身體兩側到腹部，再往上到胸部。接著，進入左上臂，往下到左手指。最後，進入右上臂，往下到右手指。
5. 感受一下，吸氣時，空氣進入身體每個部位的感覺。

我的戒毒目標與改變計畫

1.我使用的毒品是：

2.我想戒毒的原因是：

3.關於戒毒的第一步我要怎麼做？

4.戒毒的過程中我會遇到什麼困難？

5.有什麼人可以幫忙我？

第七堂

反制約（counterconditioning）
酬償管理（reinforcement management）

1.理論基礎與治療目標

　　第七堂課的內容，正式進入改變階段的行動期（action）及維持期（maintenance），許多藥癮個案因為缺乏有效的拒毒技巧，致使其縱能辨識出復發的高風險情境，但總在關鍵的時刻，因無法展現出拒絕的自信與堅定的態度，因而陷入長年和毒品糾葛不清的「惡性循環」（vicious cycle），亦即，個案雖有戒毒的決心與意志力，但因在生活中早已經歷了無數次的復發經驗，內心充滿無助與挫折，故本堂課程的設計，聚焦於復發關鍵時刻「有主見」、「有效」拒毒方法的討論與練習，透過課程的設計，運用反制約（counterconditioning）的方式，發展出替代過往無效的拒毒技巧，團體成員將會學習到新的拒毒方法，進而在未來生活高風險情境中，成功的拒絕毒品，並從

每次成功的經驗體驗正向的酬償管理（reinforcement management）之改變歷程。

2.操作技巧與注意事項

　　藥癮個案常因受到生活中接觸到的人、事、物的影響而復發，主因為個案過度簡化拒毒的認知，不熟悉且未能運用有效的拒毒技巧，導致其於拒絕再次使用毒品的過程中，身心對於周遭吸毒朋友的互動、家人的態度等衝擊的反作用力無法負荷，故終日惶惶度日，處於高壓的心理狀態，因此適得其反（counterproductive），結果便是因為承受不住戒毒的壓力而再次吸毒！因此，藉由本堂課程之操作，先建立個案正確的人際互動觀念與技巧，引導團體成員思考自己的互動習慣，帶領者需適當運用團體的動力，協助個案發展出更多元、有效的拒毒技巧。

　　7-1的課程設計目的為讓個案建立及學習「有效」、「有主見」的拒毒技巧，故團體帶領者先以4個一般生活中可能會發生的人際互動溝通例子中請團體成員閱讀，並請成員回饋想像自己若是例子中的當事人會用什麼樣

的方式溝通？然後，團體帶領者則於成員完成4個例子的回饋後，說明一般常見的溝通模式可歸納為4類型，分別為：攻擊型（aggressive，例1）、被動型（passive，例2）、被動攻擊型（passive-aggressive，例3）及有主見型（assertive，例4），介紹完4種溝通類型後，請團體成員分享自己較常用的溝通模式，過程中，帶領者須適當的運用動機式晤談法之同理（empathy）及互助（collaboration）精神，以鼓勵成員願意分享及回饋，最後，帶領者則將團體動力往最具優勢的「有主見的拒毒溝通技巧」推移，並強調拒毒除需個案主觀的「意志力」外，也需要運用有效的溝通模式，也就是「有主見」（assertive）的拒毒溝通，反之，若用其他3種溝通模式，可能會造成自己身心壓力太大，無法負荷，進而產生反效果（counterproductive），造成復發。

7-2的課程重點為訓練團體成員如何運用「有主見的溝通」模式，團體帶領者須延續7-1的動力，運用動機式晤談法之EPE（elicit-provide-elicit）技巧，以利導入7-2的五種有主見的溝通建議，並避免團體帶領者陷入專家衛教陷阱。從事藥癮相關的工作者都應該要知道，藥

癮個案在其日復一日的生活中，因不斷復發而「習得無助」，面對毒品的誘惑時，不論其眼神、口語表達、肢體語言或心理素質，都處於缺乏自信的狀態，因此，極易成爲「被推銷的目標」，故爲降低團體成員的挫折感及阻抗，7-2的團體進行步驟務必以EPE的技巧爲核心，於個案分享其拒毒方法時，帶領者須及時給予同理性的回應（empathic reflection），並肯定其願意改變的決心，在團體動力朝成員分享、回饋的方向推移時，便是帶領者提供7-2的五種有主見的溝通建議的時機，而團體成員接納及吸收的效果也會較佳。

經過7-1及7-2課程中強調「有主見的溝通」方式討論後，7-3將帶領團體成員進行分組練習的動態課程，進行的方式可分兩種：第一種爲團體帶領者邀請並指定一位團體成員和團體帶領者組成一對搭擋，藉由「角色扮演」（role playing）的型式，練習在面對毒品誘惑的情境下，如何以有主見的方式來抗拒對方，並強調只能以有主見的方式說出「不」，而不必向對方解釋自己拒絕的理由，因爲，通常在拒絕的過程中，解釋愈多的理由，只會開啟「辯論之門」（counterarguments），

容易適得其反！第二種進行方式為將團體成員分成兩人
一組進行上述練習，團體帶領者於成員練習過程中，須
適時的指導成員在拒絕時的使用7-2有效的肢體語言、說
話語氣及表明出堅定的自信。完成動態的練習後，請團
體成員依自己的感受寫下7-3的內容，團體帶領者則以肯
定團體成員願意練習新的拒毒方式並鼓勵成員將「有主
見的拒絕」溝通方式，運用在每一天的日常生活中作為
本次課程的結論。

7-1

以下是4個溝通的例子

1. 阿財在工廠工作，有一天下午，阿財很忙，但阿財的同事告訴他，因家裡有事，下午要請假，請阿財幫忙下午的工作，阿財很不高興，告訴同事「每次都找我幫忙，我自己的工作都做不完了！」

2. 阿明有個朋友常向他借錢，而且常常不還，今天，阿明的朋友又來向他借錢，阿明不想和朋友有眼神的接觸，並試著嘗試拒絕，但接著，阿明還是借錢給他朋友了。

3. 阿義白天要工作，晚上在夜校讀書，成績不錯，阿義有一個同學常常要求阿義幫他完成學校的作業，阿義實在沒時間再幫他，但還是約好星期日的下午2點見面幫忙同學做作業，結果，當天阿義遲到了50分鐘，見了面之後，阿義向他的同學說「真是的，我忘了看時間，所以遲到了。」

4. 阿龍有個好朋友常找阿龍到一間貴而且食物不是很好
   吃的小吃攤聚餐，今天，阿龍的朋友又約他今天晚上
   到同一家小吃攤吃飯，阿龍回答他朋友「我知道你很
   喜歡那家小吃攤，也許我們下一次再去那一家，今天
   我想換一家新的地方吃飯。」

有主見的溝通建議

1.使用「我」和對方溝通，並且尊重對方的看法。例如：
「我知道你需要幫忙，但我現在要去上班了，不然我會
遲到。」

2.避免使用「絕對性」的語言，以免激怒對方。例如：
「你每次都……」或是「你一直都是……」。

3.溝通過程眼睛看著對方，儘量不要低下頭或彎著身體，
讓自己在說話的過程看起來有自信。

4.以平靜的方式表達自己的感受。以簡單、清楚的方式說
明對事情的感受，不要說太多理由，也不要給不確定的
回答。

5.在溝通的過程中，表達自己瞭解對方的期待，但不代表
對方的期待會達成，同時，可以給對方其他的建議。例

　　如：「我不能將我的車子借你，但我可以順路載你過
去。」

一起來練習如何拒絕別人

1.當自己說出「不要」時，自己的感覺如何？

2.要讓自己說出「不要」，會不會讓自己很為難？

3.當自己說出「不要」時，身體有什麼感覺嗎？

4.為什麼自己要說出「不要」？

12
第八堂

自我揭露（self-liberation）

1.理論基礎與治療目標

　　第八堂課爲療程的最終回，除了要讓團體成員的討論重心置於改變階段的行動期（action）及維持期（maintenance）外，更重要的是要運用這堂課的課程設計，強調每位團體成員必須發展出其個人化（unique）且適用（comfortable）的拒毒技巧與持續性的戒毒計畫，其核心的治療理論基礎爲深入運用動機式晤談法中的促發個案表達出具象的行爲改變言語（mobilizing change talk），包括發展出其個人化的改變承諾（commitment）、作爲（activation）與行動（talking steps），藉由每位個案的優勢觀點強化團體成員之戒毒的信心（strengthening confidence），以達成行爲改變成功的指標：加強自我效能（self-efficacy）及問題解決能力（problem solving），作爲這堂課的治療目標。

2.操作技巧與注意事項

　　在戒毒的歷程中，個案肯定會在其日復一日的真實日常生活情境中，遇到「復發」（relapse）的危機，要避免復發，除需具備必要的心理素質（也就是個案的「意志力」）外，個案也必須運用適當而有效的拒毒方法，藉由不斷累積成功的經驗，而加強其自信心（也就是自我效能的提升）。因此，第八堂課的操作技巧，團體帶領者須運用課程的設計，配合動機式晤談法的「發自內心的肯定」（genuine affirmation），回應團體成員的正向發言（mobilizing change talk），以利最後一堂課的團體動力往戒毒成功（optimism）的氛圍凝聚。

　　8-1課程的設計為邀請團體成員一起複習前面七堂課曾經一起討論過的拒毒技巧，過程中也可請成員分享其過去是否還曾運用過其他成功的拒毒技巧，團體帶領者須及時的以肯定其優勢（affirmation strengths）回應願意發言回饋的團體成員，讓團體的動力往成員互助、戒毒成功的方向推移。

　　8-2的課程設計為更具象化的讓團體成員回饋其於過往的生活中，曾經使用過且成功拒毒的技巧，團體帶領者可運用動機式晤談法之喚起個案過往的人生成功經驗（指非關戒毒的生活事件）（reviewing his past successes），引導團體成員將此經驗投射到未來可能面對的復發高風險情境，以增強個案戒毒成功的自信。

　　8-3的課程設計是針對團體成員於療程結束後，未來的真實生活中，如何藉由其於療程中所領悟及學習到的戒毒技巧，成功的拒毒，團體帶領者須強調，每位團體成員寫下的個人拒毒計畫或方法，愈具體則愈可行，而且，團體帶領者於8-3課程的進行過程，須導入動機式晤談法之「穿越時空的思維」（hypothetical thinking）的技巧，請團體成員分享：「若十年、二十年後的自己，仍然能維持在未復發的狀態，自己可能是如何做到的？」，最後，團體帶領者則運用成員們對於8-3課程內容的回饋，將團體的動力形塑成一束色彩繽紛的花束（bouquet），並祝福每位完成療程的團體成員，未來都能實現其戒毒成功的承諾。

8-1

在以前的上課中，
我們曾學習過以下的拒絕使用毒品的方法：

1.對於想要用毒品的控制
◆先讓自己冷靜5分鐘
◆先讓自己去做一件別的事情替代使用毒品
◆先讓自己離開可能使用毒品的環境

2.改變自己對於毒品誘惑的反應
◆改變自己交朋友的習慣
◆離開有人在使用毒品的環境
◆改變自己的生活習慣，放一些可以提醒自己不再使用
　毒品的東西

3.辨識自己可能使用毒品的情境
◆心情不好的時候
◆身體很累的時候
◆身體感受到「啼藥」的時候

◆和朋友在一起的時候

4.堅定的拒絕技巧

◆堅定的語言表達拒絕

◆堅定的肢體動作表達拒絕

◆肯定的告訴別人自己不再使用毒品的想法

5.正念減壓

◆增加自己對於身體想要用藥的辨識

◆以放鬆自己身體的技巧幫助自己度過想要用藥的念頭

6.思考自己的人生價值觀

◆確認自己的重要人生目標

◆確認自己生活中重要的人

◆思考吸毒對於人生價值觀的影響

8-2

以下是在以前上課中，
我自己學過的拒絕使用毒品的技巧：

_____先想吸毒的後果

_____先讓自己冷靜5分鐘

_____先離開可能吸毒的地方

_____思考自己的人生重要價值觀

_____用言語表達堅定的拒絕

_____回想吸毒的好壞處

_____讓自己忙別的事

_____練習放鬆身體的技巧

_____練習讓自己專注在自己的呼吸

_____讓自己思考不吸毒對自己的好處

_____改變自己交朋友的習慣

8-3

我的拒絕毒品行動

◆我瞭解雖然我不再使用毒品，但仍然可能會有毒品來
　誘惑我。

◆我瞭解就算我再一次吸毒了，並不代表我失敗了，我
　會再嘗試用各種我學過的拒絕毒品的技巧，讓我保持
　不再吸毒。

◆我瞭解我並不是孤單一個人，在我自己的生活中及社
　會上，很多人都會支持我戒毒。

所以，如果我感受到毒品的誘惑，我將會‧‧‧‧

1.

2.

3.

4.

5.

6.

藥癮治療綜論

13

藥癮的腦部疾病與
行為模式

　　近二十多年來愈來愈多的研究支持成癮是一種腦部
疾病，尤其腦科學的進展，使成癮與腦部功能之間的關
聯性更明確，新的研究發現及概念的更新，也提供了臨
床相關領域對於成癮行為治療有新的理解與進展。

　　關於藥癮的神經生物學研究顯示，腦部的酬償系統
（reward system）被活化後產生的愉悅感（positive
hedonic effect）是成癮的重要關鍵。然而，腦部的酬
償系統之生物意義原本在於維持個體之基本存活能力所
需（如天冷保暖，飢餓覓食等），若重複的經由外在
刺激（如毒品、賭博、網路遊戲等）加強，則酬償系
統將產生去敏感化（desensitization）現象，因此個
體會失去對一般日常生活中其他酬償的興趣，同時對
於壓力的敏感性及負面情緒會增加，於是，產生了渴
求（craving）現象，再經由制約反應（conditioned

responses），產生成癮行爲。

　　爲了易於理解，成癮被區分爲三個階段，分別爲：大量使用與中毒（binge and intoxication）、戒斷與負向情緒（withdrawal and negative affect）及沉浸與期待（preoccupation and anticipation），雖研究顯示每個階段各有不同的腦部神經迴路被影響，但事實上，由於成癮過程所產生的腦部神經再塑性（neuroplasticity）及腦部神經迴路間的連結，形成了成癮循環（addiction cycle）三階段，且各階段是互爲因果的。分階段概述如下：

1.大量使用與中毒階段（binge and intoxication）：

　　此階段的關鍵角色爲腦部酬償系統中的 mesocorticolimbic dopamine system，當腦部 dopamine反覆的被成癮物質刺激（尤其是ventral striatum部位）而快速釋放引起的酬償反應建立後，於行爲制約理論上的正增強（positive reinforcement）便會發生，且腦部對此強大的酬償反應會產生學習及記憶，包括制約性的環境、人物及感覺（統稱爲暗示 "

cues"），於是，驅動大量無節制（binge）的使用毒品的行為，長此以往，腦部dopamine cell對於一般正常的酬償刺激會停止反應（desensitization），導致日常活動的驅力（drive）降低，最後，個體便會產生如飲鴆止渴般的衝動性的、不計後果的追求成癮性物質（如毒品等）的行為。而且，如此根深蒂固的追求立即滿足及快感的行為制約現象，就算經過長時間的停止使用成癮物質（如監禁或於治療環境等），仍無法降低其渴求程度。

2. 戒斷與負向情緒階段（withdrawal and negative affect）：

毒品成癮者除了對於正常、健康的酬償失去動機與驅力外，過去認為成癮者的酬償迴路可能對於毒品的敏感性較高，但近來的研究則推翻了這個論點，事實上，因為成癮者腦部對於成癮物質刺激而引起的dopamine釋放會產生弱化（attenuation）現象，造成毒品成癮者無法再經歷剛開始接觸毒品時的欣快感，同時，因為成癮後腦部酬償系統閾值提高，造成extended amygdala的神經迴路發生神經再塑（neuroplasticity），引

起受腦中CRF（corticotropin-releasing factor）及dynorphin兩種神經傳導物質（又稱壓力賀爾蒙）控制的 "antireward system" 功能會增強，而由NPY（neuropeptide Y）控制的 "antistress system" 功能失調，讓個體對於壓力的反應變大且易於感受到負向情緒，故成癮的個體雖無法再藉由成癮行為而獲得愉悅感，但卻需藉使用成癮物質來逃避未使用所產生不適感（distress），也就是行為制約理論上的負增強（negative reinforcement）現象。尤其某些中樞神經興奮型的毒品（如安非他命、MDMA等）成癮後，可能會出現所謂的 "binge-crash cycle"（從天堂到地獄），具體的描述了腦部從大量吸毒後的高潮與戒斷時的極度負向情緒間的循環。

3.沉浸與期待階段（preoccupation and anticipation）：

在經歷了成癮後腦部的酬償迴路閾值升高及壓力賀爾蒙所控制的"antireward system"功能過度活化的同時，腦部的prefrontal cortex及其相關的神經迴路中的dopamine會降低（down-regulation of

dopamine），導致個體的腦部執行功能（executive processes）無法正常運作，因此弱化了行為上的決策能力（decision making）、衝動控制（inhibitory control）及自我節制（self-regulation），無法控制成癮行為，另外，由於腦部該區域迴路的神經再塑性影響，造成glutamate功能失調，則是弱化了衝動行為（impulsivity）的控制，並使個體對於環境中與成癮有關的人、事、物的暗示（cues）變得敏感，進而出現對於成癮物質近乎強迫性（compulsive）的使用行為，故個體雖明知成癮行為復發後的災難性結果，但仍長期處於對於成癮物質的沉浸與期待的情緒，形成渴求（craving）行為並進入復發的循環。關於說明成癮行為的拱門假說（overarching hypothesis），應是相當生動的描述。而個體間prefrontal cortical control的差異（可能與基因有關），也許是某些人會因好奇且衝動的去初嘗毒品的腦部生物機轉之一。

如同其他生理疾病一樣，並非每個人一接觸成癮物質就會持續使用，並進而發展為成癮疾病，研究指出成癮的危險因子包括：家族史、青春期開始接觸成癮物

質、曝露在高危險情境（如易接觸成癮物質的環境及缺乏足夠支持系統的高風險家庭等）、罹患精神疾病等。因此，成癮的腦部疾病模式提供了治療可以介入的面向。

　　個體於青春期腦部對成癮物質具高度易敏感性（vulnerability），且前額葉皮質（prefrontal cortex）尚未發展至成人階段，對於行為的調控能力本來就不足，若其腦部發展又有尋求刺激（novelty seeking）的特質，一旦開始接觸成癮物質，便容易進展為成癮，有效的預防及治療策略為：完整的人格發展、心理狀態及家庭動力評估，針對高危險群的青少年加強其拒絕成癮物質技巧的訓練、復發高風險情境的辨識、負向情緒的因應技巧等，並且增加其正常的社交互動及娛樂活動，以恢復其腦部對於正常酬償效應的反應，更重要的是：療程中應強調以「整個人」及「未來」為焦點，而非只以「毒品」為焦點，以降低個案對於治療的阻抗及防衛，並協助個案尋求自我認同，以替代其尋求吸毒同儕認同的心理需求（也就是說，只是單純的強調毒品危害的反毒衛教，效果非常有限！）。而

在腦部長期受成癮物質影響的成年人，治療內容則應強調「治療動機」的促發，核心的治療重點為降低個案的無助感，重新找回人生的重要價值觀與重建未來生活。內容包括：負向情緒的因應技巧、拒絕成癮物質技巧的訓練、復發高風險情境的辨識、酬償管理等。

　　成癮的腦部疾病模式最大的挑戰是根深蒂固的價值觀（也可以稱為迷思）：「成癮物質（含毒品）的使用行為是自願的」及「個案必須為自己的行為負責」，故腦部疾病模式仍備受非此專業領域之普羅大眾質疑，對於成癮行為的成見及汙名化仍普遍存在。然而，或許這些自願性的重複行為，即為此疾病模式的病程（也就是說，成癮行為是腦部疾病的外在表現）！另外，腦部疾病模式亦無法解釋是否有特定的基因會造成成癮，及為何有些成癮者並不需治療的介入就會復原等。關於其他行為成癮（如肥胖、網路成癮等），則需更多實證研究來探討。

14

台灣毒品法規重要沿革及
藥癮治療之現況與困境

台灣毒品防制政策沿革

　　台灣的毒品防制政策濫殤於民國70年代，當時安非他命入侵台灣社會，故政府於民國82年第一次向毒品宣戰，並擬定緝毒、拒毒及戒毒三大施政主軸。繼而有民國87年制定《毒品危害防制條例》，取代過往的《肅清煙毒條例》，其立法精神在於對毒品施用者去污名化，初犯者以進入司法矯正機關進行觀察勒戒及強制戒治為處遇。進而有民國97年刑事訴訟法第253-2條增修〈緩起訴附命戒癮治療〉，將施用第一級毒品者定位為同時具有「犯人」及「病人」的雙重身分，於緩起訴期間，強制其至醫療機構進行戒癮治療，並於民國102年將施用第二級毒品者也納入適用該法條的對象。為具體執行民國106年公布之「新世代反毒策略」，於106年6月14日修正毒品危害防制條例第2-2條，明定於法務部設置毒品防制基金，而該基金108年度之3大優先施政重點為：成

癮治療、復歸社會及青少年毒品問題,年度總預算金額為3億6千餘萬元,其中醫療社福毒品防制計畫占2億4千餘萬元,顯見政府視毒品成癮治療為目前我國毒品防制相關施政目標的重中之重。

　　為呼應民國109年1月新修正之毒品危害防制條例24條,該條例強調給予一、二級毒品施用者更多元的緩起訴附命戒癮治療處遇之「質與量」,行政院復於民國109年8月公布之「新世代反毒策略2.0」之4年期的反毒計畫中,於總經費153億元中匡列54億元,用於毒品施用者之藥癮治療經費。至此,我國的毒品醫療處遇之司法政策及經費挹注應與世界各國相去不遠了,接著要面臨的就是社區藥癮醫療處遇之量能是否到位等實務操作的挑戰了!

台灣毒品成癮治療之現況與困境

　　台灣自民國95年開辦美沙冬替代治療用於海洛因成癮治療至今10餘年來,或因公部門經費有限,或因醫療機構內部管理因素考量,關於藥癮的臨床治療實務,除極少數具成癮治療熱情及使命感的專業人員投入外,其實,絕大部份的醫療機構及相關成癮治療醫事人員仍以

「毒品成癮需以藥物治療」來自我催眠，因為這樣，能最簡化藥癮治療於醫療機構之定位，醫療機構管理層面及臨床精神科部也最省事（衛福部106及107年之非鴉片類藥癮治療補助計畫全台竟只有17家醫院參與）！現在，要積極強化的是：成癮專業治療人員（含成癮專科醫師、藥癮個案管理師、社工師及心理師）的人力培訓及藥癮之社會心理治療模式的推廣！

以下條列三點造成上述現象的主因，供讀者參考：

一、台灣目前於醫療機構接受二級毒品成癮治療的族群主要為司法繫屬之個案，且為非住院之治療模式，相較於其他疾病，對於目前正面臨艱難經營環境的大部分醫療機構確是一種挑戰！因為：藥癮個案的邊際效應的確不大。

二、成癮臨床醫療屬較新的醫療領域，多數醫事人員於專業養成階段較少涉略，故於繁忙的臨床實務之外，欲進入專業的成癮治療領域則變得高門檻。

三、台灣自105年起才開辦成癮專科醫師的考試，
目前全台成癮專科醫師人數不足，其他成癮治
療專業醫事人員，則僅需每年接受8小時的繼
續教育，因此，臨床成癮治療的質與量明顯不
足！

然依衛福部公告之110年度藥癮治療費用補助方
案，就經費運用及治療模式等面向，已更進一步朝多元
且具實證的毒品施用者醫療處遇模式發展，更強調非藥
物治療模式之重要性，以與世界藥癮治療趨勢接軌，目
前台灣藥癮治療就缺醫療機構積極參與這塊拼圖了！

參考書籍與文獻 ————————

1.Miller WR,Rollnick S.Motivational Interviewing,3rd ed.The Guilford Press:New York,USA. 2013.

2.Velasquez MM, et al.Group Treatment for Substance Abuse, 2nd ed, The Guilford Press: New York.USA. 2016.

3.Wagner CC.Ingersoll KS. Motivational Interviewing in Group.The Guilford Press:New York,USA. 2013.

4.Galanter M,et al.Textbook of Substance Abuse Treatment,5th ed,American Psychiatric Publishing: Washington,DC USA. 2015.

5.Shannon CM,David AF,Richard NR.Richard S.The ASAM Principles of Addiction Medicine,6th ed,Wolters Kluwer and American Society of Addiction Medicine: Philadelphia USA. 2019.

6.Volkow ND,Koob GF,McLellan AT:Neurobiologic advance from the brain disease model of addiction.N Engl J Med 2016;374（4）:363-371.

7.Koob GF,Volkow ND:Neurocircuitrry of addiction. Neuropsychopharmacology 2010;35:217-238.

8.Koob GF:A role from brain stress systems in addiction.Neuron 2008a;59:11-34.

9.Quinn PD,Harden KP:Differential changes in impulsivity and sensation seeking and the escalation of substance use from adolescence to early adulthood.Dev Psychopathol 2013;25:223-239.

10.Rawson RA, Marinelli-Casey P, Anglin MD, et al. : A multi-site comparison of psychosocial approaches for the treatment of methamphetamine dependence.
Addiction 2004; 99: 708-717.

11.Paterson NE,Myers C,Markou A:Effects of rpested withdrawal from continuous amphetamine administration of brain reward function in rats.Psychopharmacology（Berl） 2000;152:440-446.

12. Epping-Jordan MP,Watkins SS,Koob GF,et al.:Dramatic decreases in brain reward function during nicotine withdrawal.Nature 1998;393:76-79.

13. Demers CH,Bogdan R,Agrawal A:The genetics,neurogenetics and pharmacogenetics of addiction.Curr Behav Neurosci Rep 2014;1:33-44.

14. Volkow ND,Muenke M:The genetics of addiction. Hum Genet 2012;131:773-777.

15. Burnett-Zeigler I,Walton MA,Ilgen M,et al.:Prevalence and correlates of mental health problems and treatment among adolescents seen in primary care.J Adolesc Health 2012;50:559-564.

16. 秦文鎮:台灣毒品成癮醫療戒治之過去、現在與未來,台灣醫界,2020;63(6):366-370。

17. 秦文鎮:成癮的腦部疾病模式新進展,台灣醫界, 2018;61(3):145-148。

18. 秦文鎮:新興毒品概論及其防制,台灣醫界,2018;

61（9）：471-475。

19.秦文鎮、蔡曉雯：青少年K他命濫用評估、治療與實務，台灣醫界，2015；58（4）：160-168。

20.秦文鎮、張永源、侯瑞瑜等：美沙冬替代療法對於海洛因成癮者藥物濫用信念及生活適應之成效分析，台灣公共衛生雜誌，2010；29：420-30。

21.衛生福利部：非鴉片類藥癮治療補助計畫，2016。http://dep.mohw.gov.tw/dl-47398-3b53719a-7e34-47a2-93a5-c60da3c993ba.html。引用2019/6/21。

22.衛生福利部：建置整合性藥癮醫療示範中心，2018。http://dep.mohw.gov.tw/DOMHAOH/lp-4132-107.html。引用2018/12/17。

23.紀致光：緩起訴處分戒癮治療之回顧與展望，犯罪學期刊，2014；17（2）：193-212。

國家圖書館出版品預行編目資料

實用藥癮團體治療八堂課：理論與實務／秦文鎮
著. --初版.--臺中市：白象文化事業有限公司，
2022.3
　　面；　公分
ISBN 978-626-7105-15-3（平裝）
1.CST:藥物濫用 2.CST:成癮 3.CST:心理治療
178.8　　　　　　　　　　　　　110022608

實用藥癮團體治療八堂課：理論與實務

作　　者　秦文鎮
校　　對　秦文鎮
發 行 人　張輝潭
出版發行　白象文化事業有限公司
　　　　　412台中市大里區科技路1號8樓之2（台中軟體園區）
　　　　　出版專線：（04）2496-5995　　傳真：（04）2496-9901
　　　　　401台中市東區和平街228巷44號（經銷部）
　　　　　購書專線：（04）2220-8589　　傳真：（04）2220-8505
專案主編　陳婕婷
出版編印　林榮威、陳逸儒、黃麗穎、水邊、陳婕婷、李婕
設計創意　張禮南、何佳誼
經銷推廣　李莉吟、莊博亞、劉育姍、李佩諭
經紀企劃　張輝潭、徐錦淳、廖書湘、黃姿虹
營運管理　林金郎、曾千熏
印　　刷　基盛印刷工場
初版一刷　2022年3月
定　　價　280元

白象文化　印書小舖 PressStore　出版・經銷・宣傳・設計
www.ElephantWhite.com.tw　f 自費出版的領導者　購書 白象文化生活館